# 7つの習慣
# デイリー・リフレクションズ

## 日々「7つの習慣」に生きる

スティーブン・R・コヴィー 著

キングベアー出版

DAILY REFLECTIONS FOR HIGHLY EFFECTIVE PEOPLE
by Stephen R. Covey



Japanese translation published by arrangement with the original publisher,
Simon & Shuster, Inc.

# はじめに

『7つの習慣　デイリー・リフレクションズ』は、さまざまな厳しい瞬間に直面しても強い自分であるための一冊です。私たちは毎日、自分が試される厳しい瞬間に幾度かぶつかります。そのときに自分が強ければ、あとはスムーズに進むでしょう。ところが自分の弱さのせいで安易な道を選んでしまうと、多くの物事がとどこおり、思いどおりに進まなくなってしまいます。シェイクスピアはこう述べています。

人のなすことにはすべて潮時というものがある。
うまくあげ潮に乗れば幸運の港に達しようが、
それに乗りそこなえば人生航路の行き着く先も
不幸の瀬というわけだ。動きがとれぬことになる。
そういう満ち潮にいまのわれわれは浮かんでいる、

この有利な潮をとらえなければ、
いのちがけの船荷をうしなわねばならぬだろう。

ジュリアス・シーザー
第4幕、第3場

第1から第7の習慣のそれぞれに厳しい瞬間があります。簡単に説明していきましょう。

「第1の習慣：主体的である」でぶつかる厳しい瞬間の多くは、一時的な気分や感情、状況に流され、あなたが大切にしている原則や指針をないがしろにしたくなるときです。拙著『7つの習慣』にも書いていますが、私の人生において本当の意味でインスピレーションを与えてくれた深い経験は、一九六九年の秋、サバティカル休暇を利用し、本を執筆するためにハワイに滞在していたときのことでした。オフィスのあった大学の図書館で資料を探していて、山積みになっている本の中から何気なく一冊の本を取りあげました。迂闊《うかつ》にも題名を控えておかなかったのですが、初めて読んだ文面は今もあり

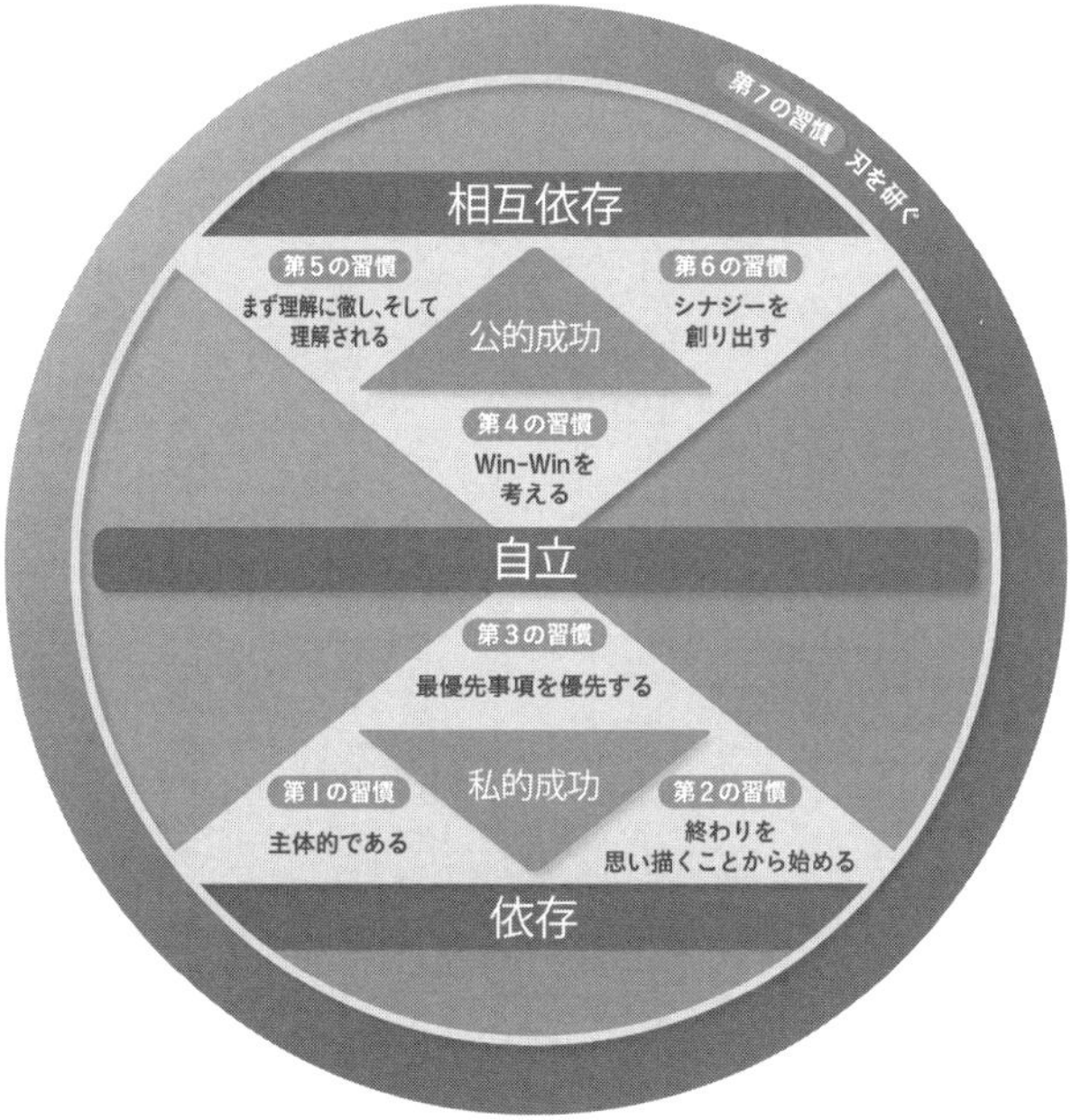


**「7つの習慣」**
**成長の連続体**

ありと覚えています。あの日、私はその一節を何度も読み、それから何日も考えました。

その本には次のようなことが書いてありました。「刺激と反応の間にはスペースがある。そのスペースの間には、反応を選ぶ自由がある。私たちの成長と幸福は、その選択が鍵を握っている」

第1の習慣の根本的な意味は、刺激と反応の間にあるこのスペースを自覚することです。自分の身に起こることと、それに対する反応の間にあるスペースです。自覚、そして反応を選ぶ自由が私たちの人生を導きます。それは命そのものの次に大切な力であり、私たち人間に授かった能力《ちから》なのです。

第1の習慣において自分が試される場面は、自分の人生を自覚し、自分自身の人生を生きる選択をするときです。自分をプログラマーと考えられるかどうかです。私たちはプログラマーに動かされるプログラムではありません。あなたが社会的、精神的な傷を負っていても、ほかの人たちからどんな扱いを受けていても、崇高な意図が挫折や重圧、失敗に見舞われたとしても、それらにどう反応するかを選択する自由と能力があるのです。

「第2の習慣：終わりを思い描くことから始める」は、ビジョン、目的、ミッションを明確にする習慣です。自分の人生はどうありたいか、どんな人生を送りたいかを思い描くことです。そのためには生き方の指針となる原則とガイドラインがなくてはなりません。それらは単なる価値観ではありません。ビジョンのない価値観には意味がありません。誰でも良い人間になりたいと思うものです。しかし、何のために良い人間になりたいのでしょうか？目的があるはずです。それは何でしょう？人生全体のビジョンだけでなく、今日一日の、この会議の、この会話の、この一時間の、この瞬間のビジョンは何でしょうか？

第2の習慣での厳しい瞬間は、多くの人にとって、疲れていて怠惰になりそうなときです。流れに身を任せてしまうのです。新しいプロジェクトや会議、あるいは新しい一日が始まるときに、知力、情緒、精神をうまく働かすことができないと、どんな終わりにしたいか思い描けません。終わりを思い描くというのは、会議やその日一日の流れを正確に全部決めることではありません。その一日を、その会議を、あるいは人間関係をどのようなかたちで終わらせたいか思い描き、決意することです。行動を起こす前に、価値ある終わりに至ることを深く決意するのです。

「第3の習慣：最優先事項を優先する」は、誠実、自制心、約束を守る習慣です。意志の力を働かせ、第2の習慣で決めたことを実行するのです。第3の習慣の厳しい瞬間は、次から次へとやってきます。そのとき、決意したとおりに実行できるかどうかは、決意の強さによります。その逆もまたしかりです。

たとえば、食べるべきではないときに食べ物を前にしたとき、舌にある味を感じる細胞は「食べろ、食べろ！」と小さな声でけしかけるのですが、身体のほかの部分の何十億個もの細胞は、「食べてはだめだ！」と無言で抵抗しています。これはおそらく、日常の中でもっとも厳しいせめぎ合いでしょう。正直にいえば、私にとっても一番きつい瞬間です。たいていは出張のときに訪れます。仕事で何時間も話した後で次の場所へ何百マイルも移動し、疲労困憊《こんぱい》でやっとホテルの部屋に入り、ベッドに寝そべって妻や子どもたちと電話で話し、あれやこれや言いたいことを「吐き出す」わけです。しかしたいていは家に電話するより先にルームサービスに電話しています。食べたいものを端から注文できるのですから。これは厳しい瞬間です。欲求に負けてしまったら、ぐっすり眠れず、お腹に不要な肉がつくことになるでしょう。翌日はその日と同じように頑張れないかもしれません。

なによりも、原則に従えば成長できますよ、小さなことからコントロールしましょうと、ほかならぬ自分が教えていることに反した行動をとるのですから、不誠実な自分を悔やむことになります。

ここまで三つの習慣のそれぞれで、あなたにとってもっとも厳しい瞬間はどんなときでしょうか？ それは人それぞれです。だからこそ、自分にとっての厳しい瞬間を知ることには大きな価値があるのです。そうすれば、自覚、意志という人間だけが授かった能力を働かせて、自分のビジョンと良心に従って生きられるようになります。自分が試される場面で弱い自分が出てしまうと、個人的にも社会的にも支払うことになる法外な代償のことも知っておくべきでしょう。それはダイヤモンドでゴミを買うようなものです。貢献や成長という真の喜びを優先せず、刹那《せつな》的な快楽に「屈する」ことの結果をシェイクスピアは見事に言い表しています。

いま望んでいるものを手にして、何の得があろうか
それは夢、瞬間の出来事、泡のごとく消えゆくつかの間の喜びでしかない
一週間嘆くとわかっていて、一分間の快楽を買う人がいるだろうか
あるいは永遠の喜びと引き換えに、おもちゃをもらう人はいるだろうか
甘いブドウ一粒が欲しいために、
ブドウの樹を切り倒してしまう人がいるだろうか

ルークリース凌辱《りょうじょく》
211〜215行

「第4の習慣：Win-Winを考える」で訪れる厳しい瞬間は、自分が正しいと思い込んでいるときでしょう。何をすべきか、どんな決断を下すべきか、自分が何を求めて

いるのか、自分は正確にわかっていると信じて疑わないのです。自分のやり方を通そうとしているだけで、それは単にＷｉｎであるのに、Ｗｉｎ－Ｗｉｎだと思い込むのです。あるいは意見の合わない相手から挑発され、頭に血が上り、こうなったらどうしても負けたくないと意地を張ってＷｉｎ－Ｌｏｓｅにしようとしているだけなのに、それもＷｉｎ－Ｗｉｎだと思い込みます。

あるいはまた、相手をがっかりさせてしまうのではないかと恐れ、その人に受け入れられ、認めてもらいたいあまり、Ｌｏｓｅ－Ｗｉｎの結果になることもあります。これもまた自分が試される瞬間です。勇気と思いやりを発揮するのではなく、白旗を上げて屈してしまったほうが楽だと思ってしまうのです。

「第5の習慣：まず理解に徹し、そして理解される」での厳しい瞬間は、自分を理解してもらうことだけに必死になるときです。誤解されていると感じていたり、相手は自分の意見や気持ちを言いたいだけ言っているのに、こちらは一言もしゃべらせてもらえないと不満に思ったりしているからかもしれません。逆に相手の言い分にはまったく根拠がなく、自分の考えのほうがよっぽど正しい、相手に教えてあげなくてはならないと意気込んでいることもあるでしょう。相手を理解するのは無意味だ、こちらが正しいのだから、相手の間違った考えを理解する必要などないと決めつけているのかもしれません。

私にとって二番目に厳しい瞬間、そして最大の過ちを犯す場面は、この第5の習慣に反したときです。全体の状況や相手をよく理解しないうちに判断を下したり、行動に移したりしてしまうのです。頭の中で独り言が始まると、どんどん自分の考えに凝り固まり、何としてもこの考えを理解してもらわなくてはならないと思うようになるものです。

しかし相手は聞いてすらいない。なんと厳しい瞬間でしょうか。自分の内面の奥深くを見つめ、理解してもらいたいという欲求を抑え、相手の頭と心に入っていくという作業は、そう簡単にできることではありません。これを共感による傾聴といいます。自分の口を閉じているには自制心と忍耐力が必要です。耳は二つ、口は一つということを日頃から意識して、この比率に応じて耳と口を使わなくてはならないのです。三つの穴のうち閉じられるのは一つだけです。

「第6の習慣：シナジーを創り出す」の厳しい瞬間は、お互いの意見の違いを妥協で何とかしようとするときです。ささやかな抵抗は試みるけれども、お互いが満足できそうな中間点をすぐに見つけようとします。とはいえ、その中間点では最適な状況にはならないことは本心では知っています。まだ見つかっていない第3の案がどこかにあることはわかっているけれども、問題点や背後にあるニーズ、相手の関心事を本当に理解するには、第5の習慣だけでは足りません。それは、最適な状況にする努力をするよりも、妥協してお互いにそこそこ満足できればよいという誘惑にかられるからです。

重要なのは第4の習慣の精神を発揮し、第5の習慣のスキルを実行し続けることです。そうすれば次第に、シナジーの精神が人間関係に浸透してきます。お互いが同じ方向を見て、第3の案を探し始めるのです。すると、お互いの違いを認めて受け入れるだけでなく、その違いを喜べるようにもなります。異なるものの見方、感情、体験を尊重できれば、一緒になってはるかに良いものを生み出すことができます。各自が最初に考えたものよりも優れていると全員が感じられる第3の案を創造することは、人間関係や人生において人と人をもっとも強く結びつける体験の一つになるのです。

「第7の習慣：刃を研ぐ」は、まさに本書を象徴する習慣です。私たち人間だけに授けられた能力を使って、肉体、知性、精神、そして人間関係を定期的に再新再生する習慣です。この習慣を身につけることによって、エントロピー（すべてのものが衰えていく傾向）に対抗できるのです。

再新再生のもっとも効果的な方法の一つは、毎日少しでも時間をつくって深く内省（できれば瞑想《めいそう》）することです。すると心と頭の中で再新再生された精神が活気づきます。私たちの内面にあるバッテリーが充電され、刃が研がれて鋭くなり、人生の切れ味が良くなるのです。より良く、より速く、より賢明に仕事ができるようになります。人を無条件に愛し、率先力を発揮し、勇気と思いやりを同時に持てるようになります。あなたを支配したり、犠牲にしたりするような人や物事に自分の「スペース」を与えるのではなく、ネガティブなエネルギーを避けられるようになります。それらを避けられないと、反応を選ぶ自由を文字どおり手放すことになってしまうのです。自分自身を無力化し、相手の弱みにつけ込むようになります。それではあなた自身の人生が台なしになるのは目に見えています。それは生きているのではなく、「生かされている」状態です。

第7の習慣には多くの厳しい瞬間があります。私の場合、朝五時半に起き、サイクリングマシンに乗り、その後で読書する、それだけのことが簡単にはできません。起きたはいいけれども、すぐにベッドに戻りたくなってしまいます。まさに自分が試される瞬間です。私にとってサイクリングマシンを前にした厳しい瞬間で強い自分であるための鍵は、前の晩、夜更かししたくなる厳しい瞬間でも強い自分になることだと実感しています。

第7の習慣で、その次に厳しい瞬間は、一日の早いうちに個人のミッション・ステートメントに書いたビジョンと原則に頭と心を合わせるときです。これができれば、その日最初の私的成功を勝ち取ることができます。

本書は、それに向かって頭と心を整えるのに大いに役立つでしょう。「人間は心で思っているとおりの人になる」という有名な諺《ことわざ》もあります。慌ただしい気分を落ち着かせ、緊急中毒を脱して自分の生き方を俯瞰《ふかん》し「一番大切なことは何なの、アルフィー?」(一九六六年の映画『アルフィー』の主題歌に出てくる歌詞)と問えるようになるには、意識的な努力をして深く内省しなくてはなりません。頭の中にある考えを心の声に照らし合わせてみる、それが瞑想《めいそう》や内省の本質です。

「吟味されざる生に、生きる価値なし」とプラトンは言っています。しかしそれでも、自分の人生への関わり方を振り返り、日記をつけて、学んだことや経験、感情、気づきを導き出すことは、多くの人にとって容易にできることではないでしょう。あるいは漫然とテレビを見るのをやめ、挑戦心や興味をかき立てる本、啓発的な本、精神を鼓舞するような本に手を伸ばすことが厳しい瞬間だという人もいるはずです。

肉体には食料が不可欠であるのと同じで、知性と精神には、人生のあらゆる事柄に関わる効果性の原則を深く内省することが不可欠です。昨日の食事は今日の空腹を満たしてはくれません。毎日食べなくてはなりません。それと同じように、内省も毎日しなくてはならないのです。「刃を研ぐ」ことが習慣になり、歯を磨いたり入浴したりするのと同じように深く身についた行動パターンとなり、バランスがとれ、一貫性を持って賢明なアプローチで実行できるようになれば、一日のほかの時間の質と生産性が上がり、充実感が得られます。四つの側面――肉体、知性、精神、情緒・社会――のすべてで刃を研ぐ。それ以上に人生に波及効果のある活動はないと断言できます。刃を研ぐ習慣がしっかりできれば、ほかの六つの習慣も確実に身につき、実行できるようになるのです。刃を研ぐ活動をほかの人と一緒にやれば、人間関係が深まります。テコの支点が動いて、驚くほどの波及効果とシナジーを生み出すのです。

拙著『7つの習慣』について数々のメディアのインタビューを受けてきました。その際、「これらが効果性の習慣だという証拠はあるのですか?」「実験で証明できるのですか?」「これらの習慣に関する研究をされているのですか?」と必ず質問されます。そうした質問に対しては、いくつかの証拠や研究を挙げ、人々の実生活での具体的なエピソードも話してきました。

しかし今は、私が証拠を出すのはやめました。一つでも例外を示してほしいとインタビュアーに問いかけることにしています。効果性が高く、紛れもなく成功している個人、家族、組織で、「7つの習慣」に含まれる原則に反している例があったら、教えてほしいと。効果的とは、私生活、家庭、仕事、ほかのあらゆる分野において、短期間だけでなく長期にわたって成功し、バランスがとれ、成果を出せることを意味します。これまでのインタビュアーは、誰一人として例外を出すことはできませんでした。例外があるかどうか、あなたも考えてみてください。

「明らかに社会的に成功している人はいますが、これについてはどうですか？」と質問するインタビュアーもいますが、私はこう聞き返すことにしています。

「成功を長期と短期のバランスの観点から、どう定義しているか思い出してください。成功している人は、十代のわが子とどんな関係を築いているでしょうか？」するとインタビュアーはたいてい「最悪でしょうね。でもビジネスのほうはうまくいっている」と答えます。そこで私はこう指摘します。

「そのとおりです。もう少し掘り下げて考えてみましょう。ビジネスがうまくいっているのはなぜでしょうか？ライバル企業が落ち込んでいるからかもしれません。市場での成功は相対的なものだと思いませんか？　あるいは、市場戦略が素晴らしいのかもしれないし、ものすごい特許を持っているのかもしれません。しかしそれはいつまで続くのでしょうか？ その会社の文化は強く健全でしょうか？ 黄金の卵を産むガチョウを大切にしているでしょうか？ 十分にエンパワーメントされた社員が素早く臨機応変に、フレンドリーな態度で、的確なサービスを顧客に提供できているでしょうか？」

習慣は、自明の原則を土台にしています。それらの原則は「成功」や「効果性」とほとんど同じ意味であるといってよいでしょう。人生の何か一つのことで数個の黄金の卵を「今日」産むことと、長期的な成功とのバランスがとれてはじめて、真の効果性といえるのです。

私の左肩に小さなあざがあります。天然痘のワクチン接種の跡です。おそらくあなたの肩かどこかにもあるのではないでしょうか。子どものころ、ワクチンを接種した日は気分が悪かったことを今でも覚えています。少しの天然痘が私の身体の中に入り、免疫システムを刺激したからですが、そのワクチンのおかげで本格的な天然痘にかかることはありませんでした。あなたもきっとそうでしょう。あれは厳しい瞬間だったと今でも思います。恐かったし、不愉快な経験でした。大丈夫だといわれていても、痛みの記憶は残っています。どちらかといえば受けたくはありませんでした。ワクチンがどういう意味を持つのかよくわかっていなかったからです。しかし両親が強く言うので、仕方なく接種しました。そしてもちろん、そうしてよかったと思っています。あなたも同じでしょう。あの厳しい瞬間、私もあなたも強くならなくてはいけませんでした。接種しなかった場合に起こり得ることを考えれば、メリットは計り知れないのです。

バランスがとれ、一貫したやり方で刃を研ぐというのは、自分にワクチンを接種しているのと同じことです。ゆっくりと、目に見えないくらい少しずつ、私たちの内面の免疫システムが強くなっていきます。そしてやがて、どんな問題が起きても、内面の奥深くにためた力や知恵を使えるようになります。自覚と謙虚さも培われ、必要なときに自然と発揮されます。免疫システムが十分に強くなっていれば、どんな問題にぶつかっても早いうちに対処できるので、重い症状に進展する心配がないのです。

このことからも、ＡＩＤＳのおそろしさがわかると思います。ＡＩＤＳは、病気と闘う力そのもの、免疫システムを破壊するのです。病気と闘う免疫システムが機能しないから、ＡＩＤＳで死ぬのではなく、ほかの病気に命をとられるわけです。

同じように、人は挫折や失望で死ぬわけではなく、免疫システムを強くできないから死ぬのです。結婚生活は家計の苦しさや親戚の問題で破綻《はたん》するのではなく、家庭生活に免疫システムがないために、トラブルや苦境に対処できずに破綻《はたん》するのです。シナジーが生まれるようにコミュニケーションをとることをせず、「闘争か逃走」の二者択一に走ってしまうからです。

人生の免疫システムが強ければ、自分自身を、そして人間関係をありのままに見つめることができます。自分の間違いを素直に認め、余計なプライドは持たずにいられます。人間関係を修復し、再新再生するために、信頼口座への預け入れができるようになります。預け入れをするたびに、自分の本当の意図を省みるたびに、私たちは自分自身にワクチンを接種しています。そして新しい免疫ができ、それまでに経験したことのない大きな挫折や失望を味わっても、対処できるようになるのです。

家庭の免疫システムを強くする鍵は、無条件の愛にあります。たとえ何かと問題を起こすわが子に対してあなたの我慢が限界に達しそうなときであっても、無条件の愛を示すことです。それはあなたが試される厳しい瞬間です。無条件の愛とは甘やかすことではありません。そして、一人の子に無条件の愛を示せば、ほかの子たちも自分は無条件に愛されているのだと思うでしょう。その思いは、本来持っている自尊心や豊かさマインドを育てていきます。ところが条件つきの愛しか与えられないと、ほかの子たちもまた、親の愛情を受けるには善い行いをしなくてはならないのだと思うようになります。それでは真の自尊心が薄れていくだけです。他者との比較で自分の価値や安心を得ようとするので、逆に欠乏マインドが強くなり、他人の成功を本心から喜べず、自分にとって大切な人の成功すら妬《ねた》むようになります。おめでとう、よかったね、と口では言っていても、内心では歯ぎしりをしていて、それを自分でもわかっているのです。

最後に、これら「7つの習慣」は、私たち一人ひとりの内面に眠っている計り知れない潜在能力を引き出すものです。しかしその力に到達するには、自分自身を見つめ、内面の奥深くを探り、自己啓発に努めなくてはなりません。

真の成長と発展のパターンはインサイド・アウトで起こりますが、それをアウトサイド・インで、外側から内側へ促すのです。ほかの人たちのためになり、社会に貢献し、自己を超越したものに取り組むこと、すなわちかけがえのないレガシーを残そうとすることが、インサイド・アウトを促します。

言い換えれば、公的成功のためには、まず私的成功を果たさなくてはなりませんし、また、意味のある公的な課題、ニーズあるいは大義を見いださない限り、私的成功もありえません。それでは自己満足で終わってしまうでしょう。ロバート・ブラウニングは、そのことを簡潔に表現しています。

充足を強く求める心には答えがもたらされる
自分の外にあるものに愛情を注いで生きれば、歓びを得らえるだろう
それは困難を経験しながら、ゆっくりと学ぶ教訓である

ロバート・ブラウニング

デイビッド・O・マッケイ著"Cherished Memories"からの引用

「7つの習慣」はどれも基本であり、原則です。原則は、文化、宗教、人種、国籍を超

越する普遍的なものです。そして原則は行動というかたちをとってあらゆる状況に関わっています。血液が心臓から体内のあらゆる部分に流れていき、それぞれの部分に適したかたちで使われるように、原則もそれぞれの状況に合った行動になります。

人はみな唯一無二の存在であり、人が置かれる状況も千差万別です。したがって、普遍的で抽象的な原則をそれぞれの状態に当てはまる現実的な行動に変えなくてはなりません。厳しい瞬間は、日常生活のこうした現実の中にあります。厳しい瞬間に強い自分であれば、あとはすべて基本的には「楽なもの」となるでしょう。

人生における最大の闘いは、自分の内面という静かな部屋の中で日々行われているのです。

# 用語解説（五十音順）

**アウトサイド・イン**

自分が変わるためには、まず外にあるものが変わらなければならないという考え方。

**インサイド・アウト**

自分の内面にあるものを変えることで、外にあるものを良くしていくという考え方。

**Win‐Win**

お互いの利益を求める精神のことで、お互いに満足できる合意や解決策を打ち出すこと。自分も勝ち、相手も勝つ。

**Win‐Lose**

自分が勝って、相手は負ける。自分の地位、権力、学歴、所有物、あるいは個性の力を借りて、自分のやり方を押し通し、自分が勝とうとすること。

**影響の輪**
自分がコントロールできたり、影響を及ぼしたりできる事柄。

**活動の罠《わな》**
日々の忙しさに追われ、忙しいことに価値があると錯覚してしまう様子。

**関心の輪**
コントロールできないが、（懸念することから興味のあることまで）関心がある事柄。

**共感による傾聴**
相手の身になって話を聴き、相手を理解しようと聴くこと。

**欠乏マインド**
ものの全体量は決まっていて、誰かが取ると自分の取り分が減ってしまうから、取られないうちに自分が取るという考え方。

**公的成功**

他人との協力関係によって大きな成果を生み出し、相互依存関係を築くこと。

**個性主義**

テクニックや応急処置的なやり方でも、手っ取り早く成功を手に入れることができるという考え方。

**再新再生**

肉体、精神、知性、社会・情緒の四つの側面について、鍛えて活性化し、より大きな成果を生み出せるようにすること。

**刺激と反応の間**

ある出来事に対し、言動を選択するまでの間にあるスペースのこと。

**私的成功**

高潔な人格と優れた能力によって自制でき、自立していること。

**シナジー**
協力し合うことで、全体の合計が各部分の和よりも大きくなること。

**主体的**
自分の価値観に基づいて行動を選択でき、自分の行動に責任を持っていること。

**人格主義**
真の成功や永続的な幸福は、原則を体得し、人格を高めることによって得られるという考え方。

**信頼口座**
人間関係における信頼の増減を銀行口座の残高に例えた名称。

**セルフ・パラダイム**
自分自身に対する見方。

**第一の創造**
すべてのものは二度つくられるという原則において、想像や計画するなど知的な創造をすること。

**第3の案**
自分の案でも相手の案でもなく、お互いが満足できるまったく新しい案のこと。

**第二の創造**
すべてのものは二度つくられるという原則において、第一の創造でできたものに従って物理的に創造すること。

**パラダイム**
ものの見方であり、物事をどう認識し、理解し、解釈しているかということ。

**刃を研ぐ**
肉体、精神、知性、社会・情緒の四つの側面のリニューアルを図り、自分自身のメンテナンスを行うこと。

**反応的**

その時々の感情や自分をとりまく環境に影響されやすく、出来事に対して即反応してしまうこと。

**ミッション・ステートメント**

信条、憲法、人生の規範を表すもの。

**Lose-Win**

自分が負けて相手が勝つ。自分の基準、ビジョン、希望などがない、相手に何とか好かれたい、自分の意見を言えないといった理由で相手の要求にすぐに従ってしまう。

**豊かさマインド**

この世にはすべてのものが全員に行きわたってもなお余りあるほどたっぷりあると考えるパラダイム。

# 1月1日

状況を変えたければ、まず自分たちが変わらなくてはならない。そして自分が本当に変わるには、ものの見方を変えなくてはならない。

——インサイド・アウト

# 1月2日

インサイド・アウト

ものの見方が人の内面の深いところで作用している。要するに、何を見るかというよりも、どのようなレンズ（パラダイム）を通して見ているかが問題であり、そのレンズこそが一人ひとりの世界観をつくっているのである。

# 1月3日

## インサイド・アウト

人格主義が説いているのは、実りのある人生には、それを支える基本的な原則があり、それらの原則を体得し、自分自身の人格に取り入れ内面化させてはじめて、真の成功、永続的な幸福を得られるということである。

# 1月4日

インサイド・アウト

個性主義を信じて表層的なスキルやテクニックで解決できるとする人たちによれば、プレッシャー（や問題）を効率よく解決できる新しい制度や方法がどこかにあるらしい。

だが、**効率**が上がれば問題は解決するのだろうか。より少ない時間でより多くのことができれば、状況は良くなるのだろうか。効率を上げるというのは結局のところ、自分の生活を支配している状況や人々にそそくさと対応するだけのことではないのか。

もっと深く根本的に見なければならないことがあるのではないだろうか。自分の持っているパラダイムが、時間、生活、自分自身に対する見方を誤らせていることはないだろうか。

# 1月5日

## インサイド・アウト

二面性や不誠実など人格に根本的な欠陥がありながら、人に影響を及ぼす戦術やテクニックを使って自分の思いどおりに人を動かしたり、もっと仕事の成績を上げさせたり、士気を高めたり、自分を好きにさせたりしようとして一時的にはうまくいったとしても、長続きするわけがない。

二面性はいずれ相手の不信感を招き、どれほど効果的な人間関係を築くテクニックを使ったところで、相手を操ろうとしているとしか見えないだろう。

# 1月6日

インサイド・アウト

テクニックだけを考えるのは、一夜漬けの勉強と似ている。

一夜漬けで試験をうまく乗り切れることもあるだろうし、良い成績だってとれるかもしれない。

だが、日々の積み重ねを怠っていたら、教科をしっかりと習得することはできないし、教養ある人間にはなれない。

# 1月7日

インサイド・アウト

私たちはただ単純に、物事はこうなのだ、こうあるべきなのだと**思い込んでいる**だけなのである。

私たちの態度や行動は、こうした思い込みから生まれる。

# 1月8日

インサイド・アウト

人は皆それぞれ頭の中にたくさんの地図（パラダイム）を持っている。これらの地図は二つに大別できる。「あるがままの状態」が記された地図（現実）、そして「あるべき状態」が記された地図（価値観）である。

私たちは、経験することのすべてをこれらの地図を通して解釈している。

# 1月9日 ―――――――― インサイド・アウト

人生を揺るがす危機に直面し、物事の優先順位が突如として変わるとき、あるいは夫や妻、親、祖父母、管理職、リーダーなど新しい役割を引き受けるとき、多くの人は考え方が根本から変化するパラダイムシフトを体験している。

# 1月10日

インサイド・アウト

「客観的な現実」、つまり現実の場所は、灯台の原則で成り立っている。それは人間の成長と幸福を左右する原則であり、人類の歴史がたどってきたあらゆる文明社会に織り込まれ、長く繁栄した組織や家族の根っことなっている自然の法則である。

# 1月11日

パラダイムの力が強いのは、世界を見るレンズをつくるからである。パラダイムシフトは、瞬時に起こる場合でも、ゆっくりと意図的なプロセスで進んでいく場合でも、必ず劇的な変化を生み出す力になる。

——インサイド・アウト

# 1月12日

インサイド・アウト

成長と発達の自然のプロセスで近道をしようとしたらどうなるだろうか。仮にあなたがテニスの初心者で、格好良く見せたいがために上級者のようにプレーしようとしたらどうなるだろう。ポジティブ・シンキングだけでプロに太刀打ちできるだろうか。

# 1月13日

インサイド・アウト

妻、夫、子ども、友人、同僚と有意義な関係を築くためには、まず相手の話を聴けるようになることが第一歩だ。それには精神的な強さが要る。我慢強く心を開き続け、相手を理解したいという気持ちがなければ、人の話を本当に聴くことはできない。高い人格が要求される。つまり、人格ができていなければならないのだ。

感情のままに動き、相手のことは考えずにそれらしいアドバイスをするのは簡単である。しかしそれでは確かな人間関係は築けない。

# 1月14日

インサイド・アウト

力を借りること（外的な力や相手に依存すること）は、人を弱くする。物事を成し遂げるのに外の力に頼る癖がついてしまうからだ。

そして、その力に強要された人も弱くなる。主体的な判断、成長、自制心の発達が抑えつけられるからである。

ひいてはお互いの関係も弱くなる。恐怖が関係を支配し、一方はますます横暴に、他方はますます自己防衛に走る。

# 1月15日

## インサイド・アウト

自分自身の内面を見つめ、周囲を見まわしてみると、さまざまな問題は結局、個性主義に従って生き、人間関係を築いてきたからだと気づくはずだ。これらの問題は深くて根本的な問題であり、問題をつくったときと同じ個性主義のレベルでは解決できないのだ。

新しいレベル、もっと深いレベルの思考が必要である。これらの根深い悩みを解決するには、人間としての有意義なあり方、効果的な人間関係という現実の場所を正確に描いた地図、すなわち原則に基づいたパラダイムが必要なのである。

# 1月16日

インサイド・アウト

「インサイド・アウト」とは、一言で言えば、自分自身の**内面**から始めるという意味である。内面のもっとも奥深くにあるパラダイム、人格、動機を見つめることから始めるのである。

インサイド・アウトのアプローチでは、公的成功を果たすためには、まず自分自身を制する私的成功を果たさなくてはならない。自分との約束を果たすことができてはじめて、他者との約束を守ることができる。人格より個性を優先させるのは無駄なことだ。自分自身を高めずに他者との関係が良くなるわけがない。

インサイド・アウトは、人間の成長と発達をつかさどる自然の法則に基づいた継続的な再生のプロセスである。また、上向きに成長する螺旋《らせん》であり、責任ある自立と効果的な相互依存という高みに徐々に近づいていくことだ。

# 1月17日



私たちの人格は、習慣の総体である。

習慣は私たちの人生に決定的な影響を及ぼす。習慣とは一貫性であり、ときに無意識に行われる行動パターンであり、日々絶えず人格として現れる。その結果、自分自身の効果性の程度が決まる。

# 1月18日



「7つの習慣」は、断片的な行動規範を寄せ集めたものではない。成長という自然の法則に従い、連続する段階を踏んで、個人の効果性、人間関係の効果性を高めていく統合的なアプローチである。**依存から自立へ、そして相互依存へ**と至る「成長の連続体」を導くプロセスである。（五ページの図参照）

# 1月19日



成長の連続体（五ページの図参照）では、**依存**は**あなた**というパラダイムを意味する。**あなた**に面倒をみてほしい、**あなた**に結果を出してほしい、**あなた**が結果を出さなかった、結果が出ないのは**あなた**のせいだ、というパラダイムである。

**自立**は**私**というパラダイムである。**私**はそれができる、**私**の責任だ、**私**は自分で結果を出す、**私**は選択できる、ということである。

**相互依存**は**私たち**というパラダイムである。**私たち**はそれができる、**私たち**は協力し合える、**私たち**がお互いの才能と能力を合わせれば、もっと素晴らしい結果を出せる、と考える。

依存状態にある人は、望む結果を得るために他者に頼らなくてはならない。自立状態にある人は、自分の力で望む結果を得られる。相互依存状態にある人は、自分の努力と他者の努力を合わせて、最大限の成功を手にする。

# 1月20日

再び、インサイド・アウト

自分自身と**一つになること**、愛する人たちや友人、同僚と一つになることが「7つの習慣」の最高で最良、もっとも実りある果実（結果、成果）である。

誰しも、過去に一度や二度は心を一つにする果実を味わったことがあるだろう。逆に、心がばらばらに離れてしまった寂しく苦い果実も味わっているはずだ。

だからこそ私たちは、心が一つになることがいかに貴重で、また同時に壊れやすいものであるかを知っているのである。

# 1月21日



**まず私的成功が公的成功に先立つのだ。**

種を蒔《ま》かなければ収穫できないのと同じで、私的成功と公的成功の順序を逆にすることはできない。

# 1月22日

真の効果性は二つの要素で成り立っている。一つは成果、二つ目は、その成果を生み出すための資産あるいは能力である。

この二つのバランスがとれて初めて効果的なのである。このバランスを私は**P／PCバランス**と名づけている。**P**は**成果**（Production）、すなわち望む結果を意味し、**PC**は**成果を生み出す能力**（Production Capability）を意味する。

# 1月23日



夫婦がお互いの関係を維持するための努力はせず、相手にしてほしいこと（黄金の卵）ばかりを要求していたら、相手を思いやる気持ちはなくなり、深い人間関係に不可欠なさりげない親切や気配りをおろそかにすることになるだろう。

相手を操ろうとし、自分のニーズだけを優先し、自分の意見を正当化し、相手のあら探しをし始める。愛情や豊かさ、優しさ、思いやり、相手のために何かしてあげようという気持ちは薄れていく。ガチョウは日に日に弱っていくのである。

# 1月24日

人手はお金で雇えるが、人の心までは買えない。
熱意と忠誠心は、心の中に宿るものである。
労働力は買えても、頭の中までは買えない。
創造力、創意工夫、機知は頭の中に宿るのだ。

# 1月25日



マリリン・ファーガソン（米国の社会心理学者）の次の言葉がすべてを言い表していると思う。「説得されても人は変わるものではない。誰もが変化の扉を固くガードしており、それは内側からしか開けられない。説得によっても、感情に訴えても、他人の扉を外から開けることはできない」

あなたが自分の「変化の扉」を開き、「7つの習慣」に込められた原則を深く理解し、実践する決心をするならば、あなたは段階を踏みながら**進化的**に成長していくが、その効果は**飛躍的**なものになる。

# 1月26日

再び、インサイド・アウト

根本的な変化はインサイド・アウトから始まるものである。葉っぱだけをいじる応急処置的な個性主義のテクニックで態度や行動だけを変えればすむものではない。根っこに働きかけなくてはならないのだ。自分の根本的な考え方を見つめ、自分の人格を形成し、世界を見るときのレンズとなっているパラダイムを変えなければ、本当の変化は生まれない。

# 1月27日



人間を人間たらしめているのは、感情でも、気分でもない。思考ですらない。

自分の感情や気分や思考を切り離して考えられることが、人間と動物の決定的な違いである。

この自覚によって、セルフ・パラダイムさえも客観的に考察できる。セルフ・パラダイムはあなたの態度や行動を左右し、他者に対する見方にも影響を与えている。

セルフ・パラダイムは、人の基本的な性質を表す地図となるのだ。

# 1月28日

第一の習慣

**何が起ころうとも、それが自分に与える影響を自分自身の中で選択することができる。**自分の身に起こること、すなわち受ける刺激と、それに対する反応との間には、反応を選択する自由もしくは能力があるのだ。

# 1月29日



**主体性**とは、自発的に率先して行動することだけを意味するのではない。人間として、自分の人生の責任を引き受けることも意味する。私たちの行動は、周りの状況ではなく、自分自身の決定と選択の結果である。

私たち人間は、感情を抑えて自らの価値観を優先させることができる。人間は誰しも、自発的に、かつ責任を持って行動しているのである。

# 1月30日

収穫の法則というものがある。種を蒔《ま》いたものしか刈り取れないのであって、それ以上でもそれ以下でもない。
正義の法則は時代を超えて不変であり、自分の生き方を正しい原則に近づけるほど、判断力が研ぎ澄まされ、世の中の仕組みがよく見えてくるし、私たちのパラダイム——私たちが生きる領域を示す地図——も正確になっていくのである。

——第7の習慣

## 1月31日



他者の欠点を責めない。自分の欠点を正当化しない。間違いを犯したら、すぐに認め、正し、そこから教訓を得る。

# 2月1日



自分の自由の芽を日々伸ばす努力を続けていると、少しずつ自由が広がっていく。

逆にそうしないと、自由の範囲がだんだんと狭まっていき、自分の人生を主体的に生きるのではなく、「生かされている」だけの人生になる。

親や同僚、社会に押しつけられた脚本に従って生きることになるのだ。

# 2月2日

仕事に追われ、「活動の罠《わな》」に人はいとも簡単にはまってしまう。成功へのはしごをせっせと上っているつもりでも、一番上に到達したときにはじめて、そのはしごは間違った壁に掛けられていたことに気づく。

第2の習慣

# 2月3日



私たちは誰でも、人生でさまざまな役割を持っている。

私生活での役割を考えてみる。夫、妻、父親、母親、隣人、友人などいろいろな立場にあるはずだ。仕事上の役割はどうだろうか。これらの役割はどれも同じように大事だ。

自分の人生での大切な役割を念頭に置いてミッションを書くと、生活にバランスと調和が生まれる。それぞれの役割をいつでも明確に意識することができる。

ミッション・ステートメントを折に触れて目にすれば、一つの役割だけに注意が向いていないか、同じように大切な役割、あるいはもっと大切な役割をないがしろにしていないか、確かめることができるのだ。

# 2月4日



古今東西の文学では、「愛」は動詞として使われている。反応的な人は、愛を感情としかとらえない。人はその時どきの感情で動くのであって、その責任はとりようがないというような筋書の映画も少なくない。

しかし映画は現実を描いているわけではない。もし行動が感情に支配されているとしたら、それは自分の責任を放棄し、行動を支配する力を感情に与えてしまったからなのだ。

# 2月5日

第一の習慣

「影響の輪」のもっとも中心にあるのは、決意し、約束をしてそれを守る能力である。

自分自身や他者に約束をし、その約束に対して誠実な態度をとることが、私たちの主体性の本質であり、そこにもっとも明確に現れるのである。

# 2月6日

第2の習慣

あなたが**原則中心**の生き方をしているなら、その場の感情のように、あなたに影響するさまざまな要因から一歩離れ、いくつかの選択肢を客観的に検討するだろう。

仕事上のニーズ、家族のニーズ、その状況に関わっているほかのニーズ、さまざまな代替案の可能性、すべてを考え合わせ、全体をバランスよく眺めて最善の解決策を見いだす努力をする。

# 2月7日



私たち人間には限界がある。しかし限界を押し広げることはできる。人間の成長をつかさどる原則を理解すれば、ほかにも正しい原則を自信を持って探し求め、学ぶことができる。

そして学べば学ぶほど、世界を見るレンズ（概念、主観）の焦点を合わせられるようになる。原則は変化しない。私たち自身が変化し、原則を深く理解できるようになるのだ。

# 2月8日



時に、お金を稼ぐのはもっともらしい理由になる。家族を養うためにお金を稼ぐのは大切なことだし、お金を稼ぐ立派な動機はほかにもあるだろう。しかしお金を人生の中心に据えたら、お金そのものに縛られてしまう。

仮に私が自分の心の安定を雇用や収入、資産から得ているなら、この経済的基盤は多くの外的要因に影響を受けるので、そうした要因がいつも気になり、不安になる。防御的になり、影響を受けないように何とかしようとする。

お金を中心に据えると、自分の生活も、愛する者たちの生活も危機に陥れるおそれがある。

# 2月9日

第2の習慣

内面に変わることのない中心を持っていなければ、人は変化に耐えられない。

自分は何者なのか、何を目指しているのか、何を信じているのかを明確に意識し、それが変わらざるものとして内面にあってこそ、どんな変化にも耐えられるのである。

# 2月10日

想像力を働かせると、まだ眠っている自分の潜在能力を頭の中で開花させられる。良心を働かせれば、普遍の法則や原則を理解し、それらを身につけ実践するための自分自身のガイドラインを引ける。自覚という土台に想像と良心を乗せれば、自分自身の脚本を書く力が得られるのである。

第2の習慣

# 2月11日

あまりにも多くの親が、マネジメントのパラダイムにとらわれている。方向性や目的、家族の想いより、能率・効率やルールにとらわれている。

第2の習慣

# 2月12日



ビジネスの世界では市場がめまぐるしく変化し、消費者の嗜好やニーズをとらえて大ヒットした製品やサービスがあっという間にすたれることも珍しくない。

主体的で強力なリーダーシップによって絶えず消費者の購買行動や購買意欲など市場環境の変化を機敏にとらえ、正しい方向に経営資源を投じるのだ。

# 2月13日



マネジメントとリーダーシップはまるで違うものである。リーダーシップは基本的には右脳の精力的な活動である。技術というより芸術であり、哲学を土台としたものである。あなたが自分の人生でリーダーシップを発揮するには、自分の人生はどうあるべきか、自分自身に向かって究極の問いかけをしなければならない。

# 2月14日

主体的な人は、視野を広げる経験を他人や周りの人がつくってくれなくても、自分から意識的に視野を広げていくことができるのだ。

第2の習慣

# 2月15日

第2の習慣

自分の人生にとって一番大切なことは何か、どのような人間になりたいのか、本当にやりたいことは何かを真剣に考え、本気で知ろうとした人は皆、必ず敬虔《けいけん》な気持ちになる。今日や明日のことだけでなく、より長期的なことを考え始める。

# 2月16日



「すべてのものは二度つくられる」

すべてのものは、まず頭の中で創造され、次に実際にかたちあるものとして創造される。第一の創造は知的創造、そして第二の創造は物的創造である。

家を建てることを考えてみよう。あなたが隅々まで思い描いていた本当に欲しい家が、第一の創造である設計図に正確に描けているかどうか、よくよく確認しなければならない。

そうして初めて、レンガやモルタルでかたちを創造していくことができる。毎日建設現場に足を運び、設計図を見て、その日の作業を始める。終わりを思い描くことから始めなければならないのである。

# 2月17日



状況によっては法的手段に訴えなければならないこともある。

しかしそれはあくまでも最後の手段である。あまりに早い段階から裁判を視野に入れたら、たとえ予防策のつもりでも、ときには、恐れと法律のパラダイムに縛られ、シナジーとは逆の思考と行動プロセスを生み出してしまう。

# 2月18日

第3の習慣

自分の主体性を意識し、それを育てていかなければ、原則中心の生き方はできない。

自分のパラダイムを自覚し、それをどのように変えれば原則に合わせられるかを理解して初めて、原則中心の人生を生きられる。

あなた独特の貢献をありありと思い描きフォーカスすることができなければ、原則中心の人間にはなれない。

# 2月19日



自分にとって一番重要なこと、もっとも大切にするべきことを決めたら、それ以外のことには勇気を持って、明るくにこやかに、弁解がましくなく「ノー」と言えなければならない。ためらわずに「ノー」と言うためには、それよりも強い「イエス」、もっと大事なことが、あなたの内面で燃えていなくてはならない。多くの場合、「最良」の敵は「良い」である。

# 2月20日

第3の習慣

私自身これまで長い間時間管理という興味深いテーマを探究してきたが、時間管理の本質を一言で言うなら「**優先順位をつけ、それを実行する**」に尽きると思う。

# 2月21日

効果的な人々は「問題ではなく機会に着目する」のである。機会に餌《えさ》を与え、問題を飢えさせるのだ。

——第3の習慣

# 2月22日

第3の習慣

私たちは心のどこかで、一つの分野で成功すれば別の分野で失敗しても補えるはずだと思っている。

しかし、本当にそうだろうか。

場合によっては、少しの間ならばそれもあるかもしれない。しかしいくら仕事で成功しても、破綻《はたん》した夫婦関係を補えるだろうか。病気になってしまったら元も子もないし、仕事ができても人格の弱点をカバーできるものではない。

本当に効果的な人生を生きるには、バランスが不可欠である。

# 2月23日

相互依存のパラダイム

まずは自分に打ち克って成功していなければ、他者との関係において、公的成功を収めることはできない。

# 2月24日



あなたが今すぐにでも自分の人生の主導権を握るための方法を二つ提案しよう。

一つは何かを**約束して**、それを守ること。

もう一つは、**目標を立て**、それを達成するために努力することだ。

どんなに小さな約束や目標であっても、それを実行することで、自分の内面に誠実さが芽生え、育ち、自制心を自覚できるようになる。そして自分自身の人生に対する責任を引き受ける勇気と強さを得られる。

自分に、あるいは他者に約束をし、それを守ることによって、少しずつ、その場の気分よりも自尊心のほうが重みを増していく。

# 2月25日

相互依存のパラダイム

私があなたに対して礼儀正しく接し、親切にし、約束を守れば信頼口座の残高が増える。

残高が多くなるほど、あなたは私を信頼してくれるから、私は必要なときにいつでも、あなたの信頼を頼ることができる。

何か失敗をしても、私に対するあなたの信頼のレベルが高ければ、つまり信頼残高が多ければ、それを引き出して補うことができる。私の言葉に足らないところがあっても、あなたは私の言いたいことを察してくれるだろう。たった一言で仲たがいする心配はない。

信頼口座の貯えが多ければ、コミュニケーションは簡単に、すぐに効果的になる。

# 2月26日

相互依存のパラダイム

期待の内容をはっきりと伝えるのは、勇気が要ることもある。意見の違いを目の前に出して、お互いに納得のいく期待事項を話し合って決めるよりも、あたかも意見の違いなどないかのように振る舞い、きっとうまくいくだろうと思っているほうがよっぽど気楽だからである。

# 2月27日

相互依存のパラダイム

相手が気の毒だから謝るのではなく、誠意を持って、すぐに謝る。よほど強い人格でなければ、そうそうできるものではない。本心から謝るには、自分をしっかりと持ち、基本の原則と自分の価値観からくる深い内的な安定性がなければならない。

# 2月28日

第4の習慣

たとえあなたの社会的立場が社長やマネージャーではなくとも、自立から相互依存の領域（五ページの図参照）に足を踏み入れた瞬間に、リーダーシップの役割を引き受けたことになる。

あなた自身が他者に影響を与える立場になるからである。

そして、効果的な人間関係におけるリーダーシップの習慣は、「Ｗｉｎ－Ｗｉｎを考える」である。

# 2月29日

**成熟とは、勇気と思いやりのバランスがとれていることである。**

特に双方にとって重要な問題について話し合うとき、相手の考え方や感情に配慮しながら、自分の気持ちや信念を言えることができる人は、成熟している。

第4の習慣

# 3月1日



ほとんどの人は、欠乏マインドに深く脚本づけられている。パイはたった一個しかなく、誰かがひと切れ食べてしまったら、自分の取り分が減ってしまうと考える。物事はすべて限りがあると思い、人生をゼロサム・ゲーム（一方のプラスが他方のマイナスになり、両方の得点の総和が必ずゼロになるゲーム）ととらえる考え方である。

Ｗｉｎ－Ｗｉｎに不可欠な人格の特徴は、豊かさマインドというものである。

この世にはすべての人に行きわたるだけのものがたっぷりあるという考え方だ。